ANALIZA KSIĄŻKI

Próby

· · · · · · · · · · · · · · · · ·

Michel de Montaigne

ANALIZA KSIĄŻKI

Napisany przez Marc Sigala
Przetłumaczony przez Kâmil Kowalski

Próby

· ·

Michel de Montaigne

MICHEL DE MONTAIGNE

FRANCUSKI PISARZ I FILOZOF

- **Urodził się w Saint-Michel-de-Montaigne w 1533 r.**
- **Zmarł w 1592 r.**
- **Jego praca:**
  - *Próby* (1590-1595)

Michel Eyquem de Montaigne (1533-1592) był francuskim pisarzem, filozofem i politykiem w okresie renesansu. Brał udział w życiu politycznym swojego kraju, zwłaszcza jako radca Trybunału Pomocy w Périgueux, a przede wszystkim jako burmistrz Bordeaux. Jego główną aspiracją było jednak czytanie i pisanie, co doprowadziło go do napisania *Esejów*, przełomowego dzieła literatury francuskiej, w którym zebrał swoje doświadczenia, przemyślenia i refleksje na temat świata.

Montaigne był humanistą, który przede wszystkim szukał mądrości poza przekonaniami moralnymi, politycznymi i religijnymi.

PRÓBY

DZIEŁO ŻYCIA

- **Gatunek:** esej
- **Wydanie źródłowe:** De Montaigne, M. (1965) *Próby*. Trans. Frame, D. Stanford: Stanford University Press.
- **Pierwsze wydanie:** 1580
- **Tematyka:** introspekcja, kondycja ludzka, mądrość, przyjaźń, edukacja

Próby, które po raz pierwszy ukazały się w 1580 roku, są głównym dziełem Montaigne'a: zaczął je pisać w 1570 roku. Filozof porusza w nich wiele tematów, m.in. medycynę, wiedzę i obyczaje, które łączy z refleksjami o sobie i o ludzkości w ogóle.

Celem jego introspekcji jest odkrycie rzeczywistości ludzkiej kondycji: aby pojąć, czym jest człowiek, obserwuje, zarówno u siebie, jak i u innych, wszystkie elementy życia, nieważne jak niskie, zwyczajne czy banalne.

STRESZCZENIE

KSIĘGA I

Rozdział 1 – Różnymi środkami dochodzimy do tego samego celu

Zachowania i reakcje mężczyzn są różne. W związku z tym trudno jest wiedzieć, jak spacyfikować kogoś, kogo uraziliśmy.

Rozdział 2 – O smutku

Smutek jest wyrażany na różne sposoby. Jako silna emocja przytłacza i miażdży duszę.

Rozdział 3 – Nasze uczucia sięgają poza nas

Ludzie powinni podążać za radą Sokratesa (grecki filozof, 470-399 p.n.e.) i próbować poznać siebie w teraźniejszości. Zamiast tego, zawsze projektują siebie poza teraźniejszość ze strachu, pragnienia lub nadziei.

Rozdział 4 – Jak dusza rozładowuje swoje namiętności na przedmiotach fałszywych, gdy brakuje prawdziwych

Ludzie odczuwają potrzebę wyrażania swoich emocji nawet wtedy, gdy nie potrafią uchwycić przyczyny tego wzruszenia. Wykorzystują każdy pretekst i słuchacza, aby znaleźć emocjonalne ukojenie.

Rozdział 5 – Czy gubernator oblężonego miejsca powinien wyjść na pertraktacje

Godne zwycięstwo można odnieść tylko dzięki odwadze i lojalności. Montaigne zastanawia się, czy przywódca twierdzy zagrożonej przez napastników powinien wyjść na negocjacje, co proponuje wróg, z ryzykiem, że ta oferta może być podstępem mającym skłonić go do opuszczenia stanowiska. Montaigne zaufałby wrogowi.

Rozdział 6 – Czas pietruszki jest niebezpieczny

Jak można zaufać wrogowi podczas negocjacji? W każdym razie należy zachować lojalność w każdych okolicznościach i nie zabijać wroga, gdy ten posuwa się do podpisania traktatu pokojowego.

Rozdział 7 – Intencja jest sędzią naszych czynów

Nie wolno nam oceniać działań, na które ludzie nie zawsze mają wpływ, ponieważ zależą one również od okoliczności zewnętrznych, ale raczej należy rozważyć intencję.

Rozdział 8 – O bezczynności

Gdy ktoś porzuca służbę publiczną na rzecz studiów, musi oprzeć się na dyscyplinie pisania; w przeciwnym razie umysł nadmiernie się rozłoży.

Rozdział 9 – O kłamcach

Kłamcy mają dobrą pamięć, bo muszą pamiętać wszystkie swoje kłamstwa, żeby się nie zdradzić. Montaigne ma złą pamięć. Kłamstwo jest wypaczeniem komunikacji między mężczyznami.

Rozdział 10 – O szybkim lub wolnym mówieniu

Czy lepiej mówić w sposób z góry zaplanowany jak kaznodzieje, czy spontanicznie jak oratorzy? Spontaniczność może być korzystna.

Rozdział 11 – O prognozach

Dziwne i szkoda, że mężczyźni są bardziej przywiązani do przewidywań niż do życia w teraźniejszości.

Rozdział 12 – O stałości

Bycie stałym oznacza tolerowanie zła, którego nie można uniknąć.

Rozdział 13 – Ceremonia rozmów między królami

Każdy kraj i każde miasto ma swoje szczególne ceremonie. Montaigne zaleca, by dobrze zachowywać się wobec innych, przestrzegając ich reguł grzecznościowych, gdyż w ten sposób można sprawić, że będą dobrze nastawieni do nas. Nadmierna grzeczność może jednak prowadzić do popadnięcia w nieuprzejmość.

Rozdział 14 – Że smak dobra i zła zależy w dużej mierze od opinii, jaką o nich mamy

Nie ma absolutnej definicji zła: różni się ono w zależności od osoby, gdyż jedni widzą je w ubóstwie, a inni w cierpieniu.

Co do szczęścia, to szczęśliwi są tylko ci ludzie, którzy są przekonani, że są szczęśliwi.

Rozdział 15 – Karze się za uporczywe bronienie miejsca bez powodu

Nie wolno uparcie bronić twierdzy przed zbyt dużą liczbą wrogów. W takim przypadku cnota odwagi stałaby się wadą.

Rozdział 16 – O karaniu tchórzostwa

Tchórze są już karani przez wstyd. Dlatego otrzymują większy stopień pobłażliwości niż ci, którzy są złośliwi.

Rozdział 17 – Cecha niektórych ambasadorów

Ambasadorzy nie zadowalają się jedynie relacjonowaniem tego, co widzieli lub słyszeli, ale zawsze dodają coś od siebie, aby podnieść swój status.

Rozdział 18 – O strachu

Na strach można zareagować na dwa sposoby: być sparaliżowanym lub zachowywać się bezsensownie.

Rozdział 19 – Że nasze szczęście należy oceniać dopiero po śmierci

Śmierć jest momentem prawdy: ponieważ sprawy ludzkie są tak niespójne i różnorodne, człowiek dopiero w ostatnim dniu swojego życia może wiedzieć, czy był szczęśliwy, czy nie. Podobnie nie możemy oceniać innych do momentu ich końca, ponieważ dopiero w ostatniej sekundzie pozory opadają i wychodzi na jaw prawda.

Rozdział 20 – Że filozofować to nauczyć się umierać

Życie nie jest mierzone jego długością, ale tym, co z nim robimy: lepiej jest filozofować niż szukać przyjemności.

Rozdział 21 – O potędze wyobraźni

Wiara w cuda i wizje pochodzi z wyobraźni. Wyobraźnia ma nawet moc uzdrawiania ciała poprzez środki, w które cierpiący wierzy.

Rozdział 22 – Zysk jednego człowieka jest szkodą innego człowieka

Nie jest to coś, za co powinniśmy krytykować ludzi. Można to zauważyć w prawie zysku, dzięki któremu lekarz wzbogaca się poprzez choroby swoich pacjentów.

Rozdział 23 – O zwyczajach i niełatwej zmianie przyjętego prawa

Montaigne ubolewa nad tym, że nasze przyzwyczajenia są czasem tak głęboko zakorzenione w nas, że działają przeciwko naszej podstawowej naturze i naszej spontaniczności. Siłę nawyku widać w różnorodności tradycji i zwyczajów na całym świecie: są one postrzegane jako prawa.

Rozdział 24 – Różne wyniki tego samego planu

Filozof zauważa, że ta sama intencja prowadzi do różnych działań. Powodem, dla którego konsekwencje identycznej intencji tak bardzo się różnią jest to, że wydarzeniami kieruje przypadek.

Rozdział 25 – O pedantyzmie

Pedant tak bardzo podziwia uczonych, że nie myśli samodzielnie i całkowicie się im poddaje. Jednak bycie mądrym oznacza posiadanie moralnego i krytycznego umysłu.

Rozdział 26 – O wychowaniu dzieci

Aby dziecko nauczyło się myśleć moralnie i krytycznie, lepiej jest, aby kształcił je ktoś o dobrze ukształtowanym umyśle, a nie o głowie pełnej faktów. Dziecko musi nauczyć się obserwować, słuchać i stawiać sądy i wartości w odpowiedniej perspektywie. Najważniejsze jest, aby dziecko chciało się uczyć.

Rozdział 27 – Głupotą jest mierzyć to, co prawdziwe i fałszywe, własnymi możliwościami

Wiarygodność jest ignorancją, ale niewiarygodność jest arogancją: nasza władza sądzenia nie jest odniesieniem tego, co jest prawdziwe i fałszywe, tylko Bóg jest.

Rozdział 28 – O przyjaźni

Montaigne opowiada o swoim spotkaniu z La Boétie (pisarz francuski, 1530-1563). W przeciwieństwie do związków rodzinnych czy romantycznych, przyjaźń jest doskonałą komunikacją między dwiema osobami, które dobrowolnie wybrały siebie nawzajem. Obaj przyjaciele znali się całkowicie, a kiedy Étienne de la Boétie umarł, część Montaigne'a odeszła wraz z nim.

Rozdział 29 – Dwadzieścia dziewięć sonetów Etienne'a de La Boétie

Ten rozdział już nie istnieje. Montaigne początkowo umieścił tu sonety swojego przyjaciela.

Rozdział 30 – O umiarze

Umiarkowanie jest niezbędne. Musimy być ostrożni: cnota praktykowana w nadmiarze staje się wadą.

Rozdział 31 – O kanibalach

Filozof pokazuje względność sądów wartościujących: nas szokuje kanibalizm Brazylijczyków, ale oni byliby zszokowani nierówną kondycją mężczyzn w Europie. Nie możemy być tak szybcy i tak kategoryczni w odrzucaniu rzeczy, które nie są zgodne z naszymi zwyczajami.

Rozdział 32 – Powinniśmy trzeźwo mieszać się do osądzania boskich rozporządzeń

Nikt nie jest w stanie przewidzieć Bożych planów, poza oszustami, którzy wykorzystują łatwowierność i niewiedzę ludzi.

Rozdział 33 – Ucieczka od zmysłowych przyjemności za cenę życia

Święty Hilary (315-367), biskup Poitiers, chciał, aby jego córka umarła, gdy była dobrze wychowana, piękna i bogata; krótko mówiąc, przeznaczona do szczęśliwej przyszłości. Chciał, aby straciła smak ziemskich przyjemności, aby mogła całkowicie zjednoczyć się z Bogiem.

Rozdział 34 – Szczęście często spotyka się na drodze rozumu

Czasem przypadek jest skuteczniejszy niż rozum.

Rozdział 35 – O braku w naszych administracjach

Wadą naszego społeczeństwa jest fakt, że nie ma miejsca, w którym ludzie mogliby zapisać swoją prośbę o pracownika. Na przykład: Chcę to sprzedać, potrzebuję stolarza, szukam kogoś, kto pojedzie ze mną do Rzymu itp. W ten sposób każdy mógłby ogłosić swoją potrzebę i mieć ją spełnioną.

Rozdział 36 – O zwyczaju noszenia ubrań

Ubrania są kolejnym dowodem na potęgę obyczaju, ponieważ istnieją, mimo że nie wymaga ich natura, a czasem nawet nie chronią noszącego przed zimnem czy nieprzyzwoitością.

Rozdział 37 – O Katonie Młodszym

Montaigne chce oddać hołd Katonowi (rzymski mąż stanu i pisarz, 234-149 p.n.e.), który jego zdaniem jest niesprawiedliwie oczerniany. Przedstawia skłonność ludzkości do wydawania pochopnych sądów, odrzucania odmienności, nietolerancji i porównywania się do siebie. I odwrotnie – filozof potrafi szanować i chwalić ludzi innych niż on sam.

Rozdział 38 – Jak śmiejemy się i płaczemy z tego samego powodu

Zwycięzca może cieszyć się z siebie i płakać z powodu osoby, którą pokonał, w ten sam sposób mściciel może być szczęśliwy z tego powodu, ale również smutny z powodu spowodowania bólu przez swoją zemstę.

Rozdział 39 – O samotności

Prawdziwa wolność znajduje się w samotności i musimy umieć ją znosić. Bycie zadowolonym z siebie jest rzeczą pozytywną.

Rozdział 40 – Rozważania na temat Cycerona

Próżność tego nadmiernie elokwentnego rzymskiego oratora (106-43 p.n.e.) jest godna pożałowania. Bardziej pracował nad rozsławieniem swoich przemówień niż nad wyróżnieniem się poprzez swoje działania.

Rozdział 41 – O niekomunikowaniu swojej chwały

Ludzie sukcesu lubią przekazywać "swoją" chwałę, którą często zdobyli dla nich inni pracujący bez uznania.

Rozdział 42 – O nierówności, która jest między nami

Tylko mądrość pozwala nam odróżniać ludzi od siebie na podstawie ich jakości. Król nie jest ani mądrzejszy, ani szczęśliwszy, ani bardziej uprzywilejowany niż zwykły człowiek. Atrybuty wielkich postaci są często wyobrażone.

Rozdział 43 – O przepisach porządkowych

Królewskie nakazy przeciwko luksusowi od 13th do 16th wieku, które regulowały ubrania, jakie dana osoba mogła nosić w zależności od jej pozycji społecznej, służyły jedynie wzbudzaniu zazdrości wobec uprzywilejowanych, podczas gdy w rzeczywistości powinni oni być pogardzani za to, że mogli wyróżniać się jedynie poprzez luksus.

Rozdział 44 – O śnie

Sen jest ważny i nie stoi w sprzeczności z odwagą.

Rozdział 45 – O bitwie pod Dreux

Montaigne uważa, że poświęcenie niektórych oddziałów w celu wygrania ogólnej bitwy może być dobrą taktyką wojskową.

Rozdział 46 – O nazwach

Ludzie niesłusznie przypisują tak duże znaczenie nazwom, ponieważ ich tożsamość nie wynika z nich.

Rozdział 47 – O niepewności naszych sądów

Decyzja może mieć inne konsekwencje niż pierwotnie zakładano. Na przykład, hojne uzbrojenie żołnierzy w celu wzbudzenia ich odwagi może przeciwnie mieć efekt odwrócenia ich uwagi od walki, ponieważ są zbyt zajęci podziwianiem siebie. Jako takie, podjęte decyzje i ich wyniki, jak wydarzenia, zależą przede wszystkim od przypadku.

Rozdział 48 – O koniach wojennych

Jest to rozdział poświęcony znaczeniu koni na przestrzeni dziejów.

Rozdział 49 – O dawnych zwyczajach

Ludzie oceniają się nawzajem na podstawie swoich zwyczajów, mimo że te wszystkie są względne, czego dowodem są zmiany mód i gustów we wszystkich tematach.

Rozdział 50 – O Demokrycie i Heraklicie

Kondycja ludzka dotknęła greckiego filozofa Heraklita (ok. 550-480 p.n.e.), natomiast filozof Demokryt (ok. 460-370 p.n.e.) nie przejmował się nią i uważał, że jest zasłużona. Montaigne uważa, że dobrze jest przyjrzeć się wszystkim ideom.

Rozdział 51 – O próżności słów

Montaigne zarzuca retoryce, że jest sztuką mówienia w sposób empatyczny, bez przełożenia tego akcentu na czyny.

Rozdział 52 – O parsymonii starożytnych

Wielcy ludzie, jak Katon czy Scipio Aemilianus, rzymski generał, który zniszczył Kartaginę w 2nd wieku p.n.e., żyli niezwykle oszczędnie.

Rozdział 53 – O powiedzeniu Cezara

Cesarz rzymski Juliusz Cezar (100-44 r. p.n.e.) był równie zdziwiony jak Montaigne, że umysł ludzki poświęca się raczej dociekaniu rzeczy, które mu umykają, niż rczumieniu rzeczy prostych.

Rozdział 54 – O próżnych subtelnościach

Lepiej prowadzić skuteczne działania, niż szukać złożoności czy rzadkości, albo uprawiać sztukę retoryki.

Rozdział 55 – O zapachach

Zapachy mają wpływ na nasze samopoczucie, co powinno zainteresować medycynę czy religię.

Rozdział 56 – O modlitwach

Modlitwa nawiązuje relację między człowiekiem a Bogiem i zamiast traktować ją jak magiczne zaklęcie, człowiek powinien używać jej jako sposobu wyrażenia Bogu swojego szczerego bólu z powodu tego, że obraził Go przez swoje grzechy.

Rozdział 57 – O wieku

Zamiast mówić o starości, powinniśmy raczej pozwolić młodym ludziom na swobodne działanie, bo wielkie czyny podejmowane są na ogół przed trzydziestką.

KSIĘGA II

Rozdział 1 – O niespójności naszych działań

Trudno jest oceniać ludzi, ponieważ zawsze postępują niekonsekwentnie: ich działania zmieniają się w zależności od czasu i okoliczności.

Rozdział 2 – O pijaństwie

Niszczy ciało i umysł.

Rozdział 3 – Zwyczaj z wyspy Cea

Montaigne podejmuje dyskusję na temat samobójstwa. Czy jest ono zrozumiałe, czy o momencie śmierci może decydować tylko Bóg? Filozof uważa, że w pewnych okolicznościach może być ono odważne i uzasadnione.

Rozdział 4 – Niech interesy poczekają do jutra

Nie możemy być niewolnikami biznesu, ale potrafić go odłożyć na później, by czuć się wolnym.

Rozdział 5 – O sumieniu

Ten rozdział analizuje tortury. Czyste sumienie moralne osoby niewinnej ma ją uodpornić na tortury, ale w rzeczywistości sprawia, że przyznaje się ona do wszystkiego, natomiast osoba winna wie, że jeśli oprze się bólowi tortur, to ratuje się przed pewną śmiercią.

Rozdział 6 – Z praktyki

Jak możemy ćwiczyć na śmierć? Sen i omdlenie to podobne doświadczenia. Ale żeby nauczyć się żyć i umierać, musimy przede wszystkim poznać siebie, a to odbywa się poprzez pisanie.

Rozdział 7 – O nagrodach honorowych

Aby nagrody pozostały zaszczytem, powinny być przyznawane oszczędnie, zgodnie z prawdziwymi zasługami.

Rozdział 8 – O uczuciu ojców do dzieci

Wartość, inteligencja i moralność naszych dzieci są nie tyle nasze, co ich; dlatego słuszniej jest kochać wytwory własnego umysłu, takie jak poezja, niż nasze dzieci.

Rozdział 9 – O broni Partów

Ten lud ze starożytnego Iranu bardziej polegał na odwadze niż na broni, gdy walczył. Teraz mężczyźni nie mają nawet dość odwagi, by wziąć do ręki broń.

Rozdział 10 – O książkach

Montaigne czyta dla przyjemności i by lepiej poznać siebie. Opisuje swoje ulubione gatunki i autorów, na przykład Wergiliusza (1st wiek p.n.e.), Lukrecjusza (98-55 p.n.e.), Katullusa (1st wiek p.n.e.) i Horacego (65-8 p.n.e.) dla poezji.

Rozdział 11 – O okrucieństwie

Dla Montaigne'a moralność jest wrodzoną cnotą i wrażliwością, która sprawia, że automatycznie nienawidzi tortur i polowań, dwóch bardzo okrutnych działań.

Rozdział 12 – Przeprosiny dla Raymonda Sebonda

Ten hiszpański teolog (zm. w 1436 r.) chciał posłużyć się rozumem do wykazania prawdy religii. Montaigne odpiera jego argumenty, ponieważ uważa rozum ludzki za niewystarczający: wszystkie szkoły świata nie zdołały odkryć prawdy, która może być objawiona tylko z pomocą przypadku lub Boga. Rozum ludzki jest słaby i musi być nadrobiony łaską wiary.

Rozdział 13 – O osądzaniu śmierci innych

Jak ocenić odwagę umierającego, gdy nie jest on świadomy, że umiera, bo jego dusza jest tak samo osłabiona jak ciało?

Rozdział 14 – Jak nasz umysł sam sobie przeszkadza

Osoba, która nie jest zdecydowana pomiędzy dwoma równoważnymi możliwościami, musi jednak podjąć decyzję. Czy ta decyzja opiera się na tym, co irracjonalne?

Rozdział 15 – Że nasze pragnienie zwiększa się przez trudności

Trudność zwiększa pożądanie. Tak jest również w przypadku życia: jego wartość bierze się z perspektywy śmierci.

Rozdział 16 – O chwale

Spokojne życie to jedyny honor, jaki istnieje. Inne zaszczyty zależą tylko od przypadku lub od aprobaty ignorantów, którzy nie widzą pozorów.

Rozdział 17 – O domniemaniu

Osoba zarozumiała woli siebie od innych. Montaigne ma skłonność do przeceniania innych ludzi. Choć traktuje siebie jako przedmiot badań, to jednak przede wszystkim umniejsza siebie: nie lubi swojego wyglądu, znajduje w sobie wiele wad, kłania się przed starożytnymi itd. Nie oczekuje od swojej książki żadnej chwały.

Rozdział 18 – O dawaniu kłamstwa

Montaigne nie szuka potomności; napisał swoją książkę dla siebie (aby poprzez pisanie stać się lepszym) i dla bliskich mu osób.

Rozdział 19 – O wolności sumienia

Rozdział ten omawia religijną wolność sumienia, której nieustannie domagali się protestanci w XVI wieku. Montaigne uważa, że podsyca ona niezgodę obywatelską oraz rozprzestrzenia i zwiększa niezgodę. Ponadto przyznanie wolności sumienia osłabia daną religię, ponieważ trudności rozpalają wiarę, podczas gdy łatwość ją przytępia.

Rozdział 20 – Nie smakujemy niczego czystego

Cierpienie jest zawsze zmieszane z przyjemnością, a w prawach sprawiedliwość jest zawsze zmieszana z niesprawiedliwością. Ten złożony materiał znajduje się w ludzkości i wszędzie indziej.

Rozdział 21 – Przeciwko nieróbstwu

Jest to niezgodne z obowiązkami cesarzy i wszystkich ludzi.

Rozdział 22 – O jeździeckim posterunku

Montaigne śledzi historię środków używanych przez książąt starożytności do przesyłania wiadomości.

Rozdział 23 – O złych środkach zastosowanych do dobrego celu

Ponieważ istoty ludzkie są słabe, muszą stosować złe środki, aby osiągnąć dobre cele. Tak jest w przypadku, gdy zło wojny odwraca obywateli od bezczynności i intryg.

Rozdział 24 – O wielkości Rzymu

Współcześni Montaigne'owi powinni byli zastosować się do zwyczaju Rzymian, który polegał na pozostawieniu pokonanym królom ich królestw.

Rozdział 25 – Nie fałszować bycia chorym

Poprzez udawanie choroby, aby wymigać się od takiego czy innego zadania, osoba staje się autentycznie chora.

Rozdział 26 – O kciukach

Wiele zwyczajów świadczy o znaczeniu kciuków. Jednym z wielu przykładów jest rzymska publiczność, która kciukiem w górę lub w dół decydowała o losie gladiatorów w amfiteatrze.

Rozdział 27 – Tchórzostwo, matka okrucieństwa

Tchórzostwo idzie w parze z krwiożerczością. Montaigne potępia pojedynki, które miały miejsce w jego czasach, często z powodu zwykłego peccadillo. Pojedynek naraża na niebezpieczeństwo nie tylko pojedynkowiczów, ale także ich świadków. Walki te nie są prowadzone w imię dobra publicznego, ale w imię interesu własnego. Rozlana krew grozi wywołaniem krwawej zemsty. Tyrani i sędziowie też często są tchórzliwi; dlatego czynią śmierć ostatnią i zadają tortury.

Rozdział 28 – Wszystkie rzeczy mają swój sezon

Na wszystko jest czas, a więc i na każdy wiek: młodość jest na naukę, a starość na pozbywanie się majątku.

Rozdział 29 – O cnocie

Ludzi trzeba oceniać w czasie, bo cnota może być wynikiem przypadku lub wyjątkowego przypływu duszy.

Rozdział 30 – O potwornym dziecku

O osobie z wadą rozwojową mówi się, że jest potworna, ale boska decyzja za to odpowiedzialna wymyka się ludzkości.

Rozdział 31 – O gniewie

Złość powoduje niesprawiedliwe kary, ponieważ przenosi duszę człowieka i kieruje jego ręką.

Rozdział 32 – Obrona Seneki i Plutarcha

Montaigne broni, między innymi, opowieści Plutarcha (starożytny rzymski historyk i myśliciel, ok. 50-125), które zostały
ocenione przez jego rówieśników jako niewiarygodne.

Rozdział 33 – Historia Spuriny

Spurina oszpecił się ze strachu przed uleganiem pragnie-
niom, jakie jego piękno budziło w innych. Wykazał się
nadmiarem cnoty, ale wykazanie umiaru jest wyższą cnotą
niż nadmiar cnoty.

Rozdział 34 – Uwagi o metodach prowadzenia wojny przez Juliusza Cezara

Przykładem jest cesarz rzymski, który od swoich żołnierzy
wymagał tylko męstwa, a karał tylko nieposłuszeństwo.

Rozdział 35 – O trzech dobrych kobietach

Filozof podaje trzy przykłady wyjątkowych kobiet, które
zamiast opłakiwać swoich mężów, dołączyły do nich w
śmierci.

Rozdział 36 – O najwybitniejszych mężczyznach

Homer (VIII w. p.n.e.), autor *Iliady* i *Odysei,* jest pierwszym
poetą. Aleksander Wielki (356-323 p.n.e.), król Macedonii, w
swoim krótkim życiu stał się panem świata. Epaminondas
(418-362 p.n.e.), tebański generał i mąż stanu, był człowiekiem o wzorowej moralności. To są trzej wyjątkowi ludzie.

Rozdział 37 – O podobieństwie dzieci do ojców

Montaigne odziedziczył po swoim ojcu chorobę: kamienie nerkowe. Mówi więc o lekarzach, którzy przeczą sobie nawzajem, i postanawia zamiast tego pozostawić się w rękach natury.

KSIĘGA III

Rozdział 1 – O pożytecznym i zaszczytnym

Montaigne woli nie zajmować się służbą publiczną, ponieważ aby być politycznie skutecznym, tego rodzaju działalność wymaga zdrady, kłamstwa i masakry.

Rozdział 2 – O pokutę

Nikt nie zna człowieka tak dobrze jak on sam. W związku z tym sumienie każdej osoby jest jedynym, które jest w stanie rozpoznać jej wady. Jedyną rzeczą jest to, że nie możemy żałować za wady, które są zbyt głęboko zakorzenione w nas, abyśmy mogli je rozpoznać jako wady.

Rozdział 3 – O trzech rodzajach stowarzyszeń

Myśliciel lubi przebywać z uczciwymi i cnotliwymi mężczyznami, z atrakcyjnymi kobietami w wiernym związku romantycznym, wreszcie z książkami. Z tych trzech rodzajów związków tylko ten ostatni nie zależy od kogoś innego ani od przypadku. Książki są ostoją i lekarstwem na cierpienia istnienia.

Rozdział 4 – O odwróceniu uwagi

Czy lepiej pocieszać strapione serce, litując się nad nim, czy odwracając jego uwagę od smutku? Montaigne stwierdza, że umysł ludzki, który z natury jest niestabilny, łatwo odwrócić. Druga metoda jest więc skuteczna.

Rozdział 5 – O niektórych wersach Wergiliusza

Montaigne sięga do wspomnień o miłości, by odwrócić uwagę od smutku spowodowanego przejmującą go starością. Uważa, że często małżeństwo nie jest wyborem, ale aktem posłuszeństwa wobec obyczaju, mówi o seksualności, która choć naturalna, jest unikana w rozmowach między mężczyznami. Myśliciel odrzuca zazdrość w związkach romantycznych. Wreszcie, według niego dobrze jest wykazać się cierpliwością w miłości: kobiety mają rację, pozwalając sobie na długie zaloty. Filozof powołuje się na starożytnego poetę Wergiliusza (I wiek p.n.e.), aby poprzeć swoją tezę, że aluzyjny styl poetycki, który rozbudza wyobraźnię, jest całkowicie odpowiedni dla miłości.

Rozdział 6 – O trenerach

Montaigne wspomina tu o środkach transportu. Niektórzy cesarze rzymscy podróżowali w wystawnych powozach konnych: tak wiele luksusu, jeśli nie ma na celu upiększenia lub obrony królestwa, obraża ludzi. Bogactwo kraju nie należy do jego głowy: musi ona po prostu zarządzać tym bogactwem dla dobra ludzi. Na kontynencie amerykańskim są królowie, którzy nie tylko są odważni, ale stanowią wzór oddania dla swoich poddanych. Kolonizacja jest więc godna pożałowania, ponieważ nie tylko wytępiła ludność tubylczą, ale także pozbawiła rdzennych Amerykanów cywilizacji, podczas gdy tam okrucieństwo jest mniejsze niż w Europie.

Rozdział 7 – O wadach wielkości

Z pewnością lepiej jest prowadzić zwykłe życie niż być królem, bo jak król może wykazać się umiarkowaniem, gdy jego władza jest absolutna? Ponadto musi często znosić hipokryzję swoich poddanych.

Rozdział 8 – O sztuce dyskusji

Rozmowa między dwoma równymi sobie, którzy obaj słuchają siebie nawzajem, jest stymulująca dla umysłu. Trzeba jednak mieć przeciwnika, który jest na twoim poziomie i dążyć do prawdy, a nie do tego, by mieć rację. Książęta zatem nie mogą uprawiać konwersacji, ponieważ nie mają równych sobie i nie mogą ujawnić, że są słabi lub ignoranccy w pewnych tematach. Montaigne lubi również konwersować poprzez lekturę, poprzez próbę znalezienia człowieka za autorem.

Rozdział 9 – O próżności

Mężczyźni lubią podróżować, aby uciec od codzienności. W związku z tym, kiedy podróżuje i jest z dala od spraw publicznych i prywatnych, autor może myśleć tylko o sobie. Prawdziwą przyjemnością jest ciągłe odkrywanie nowych rzeczy i zanurzanie się w nieznanych zwyczajach, które musi starać się zrozumieć. Wreszcie opuszczenie na jakiś czas żony nie jest niczym złym, ponieważ nieobecność sprawia, że serce rośnie w siłę.

Rozdział 10 – O zarządzaniu swoją wolą

Montaigne uważa, że człowiek powinien przedkładać siebie nad obowiązki wobec innych; dlatego przedkłada medytację nad zobowiązania polityczne i społeczne. Podjął się pełnienia funkcji burmistrza Bordeaux, ale nie kosztem życia prywatnego. Sprawy publiczne powinny zajmować człowieka tylko z umiarem, ponieważ w każdym przypadku liczy się tylko osąd jego własnego sumienia, a nie innych. Musi więc użyczać się innym, ale przede wszystkim być oddanym sobie.

Rozdział 11 – O kalekach

Kalekim przypisywano niezwykłe zdolności seksualne. Tak jest tylko w wyobraźni, a wyobraźnia wpływa na zmysły. Należy więc opierać się z góry przyjętym opiniom i unikać osądzania, bo osądzać może tylko Bóg. Podobnie Montaigne jest przeciwny wystawianiu czarownic na śmierć, gdyż są one ofiarami bezpodstawnych uprzedzeń.

Rozdział 12 – O fizjonomii

Zamiast myśleć samodzielnie, ludzie podążają za zbiorowymi opiniami i plotkami. Są też skłonni do preferowania sztuczności i posiadania rzeczy, których nie mają, podczas gdy powinni podążać za naturą, która uspokaja. Chłopi, którzy żyją w zgodzie z naturą, mają więcej odwagi niż ludzie nauczeni przez naukę: spokojnie stawiają czoła zarazie i śmierci. Rzeczywiście, natura pomaga ludziom przygotować się na śmierć, przypominając im, że nie ma sensu myśleć o niej bez końca, bo taki jest porządek rzeczy. Lepiej jest żyć zgodnie z prawami natury, niż dążyć do doskonałości.

Fizjonomia nie zawsze idzie w parze z bytem wewnętrznym, o czym świadczy brzydota greckiego filozofa Sokratesa (470-399 p.n.e.).

Rozdział 13 – O doświadczeniu

Pozwolić się prowadzić przez doświadczenie jest najlepszym sposobem na odkrycie prawdy. Tak jest również w przypadku ćwiczenia introspekcji: człowiek musi obserwować siebie z dnia na dzień, aby poznać siebie. Montaigne po raz kolejny zaleca naśladowanie natury, która lepiej niż lekarze dyktuje nam to, co jest dla nas korzystne i spełniające. Kończy swoje dzieło odą do życia, do opanowania siebie i do umiaru, które są cnotami prawdziwie mądrego człowieka.

KONTEKST

HUMANIZM

Montaigne był renesansowym humanistą. Humanizm to ruch intelektualny, który powstał we Włoszech w XIV wieku, a następnie dotarł do reszty Europy w XV i XVI wieku. Rozprzestrzenił się dzięki postępom w druku i exodusowi wielu greckich uczonych, którzy schronili się we Włoszech po zdobyciu Konstantynopola przez Turków.

Obecność tych greckich uczonych we Włoszech sprawiła, że humaniści zapragnęli zdobyć starożytne teksty w ich oryginalnym języku, a nie w ich łacińskich przekładach, które były opatrzone całą serią glos i komentarzy, aby móc samodzielnie zrozumieć i zinterpretować przesłanie starożytnych. Ten powrót do starożytnych źródeł i nacisk na krytyczne myślenie to dwie główne cechy humanizmu. Ludzie pióra w tym czasie chcieli również, w tym samym duchu, czytać Biblię dla siebie, bez żadnego pośrednika.

Z tym przedsięwzięciem wiązała się idea, że studiowanie literatury czyni człowieka bardziej wartościowym. Chodziło więc o to, by doskonalić się jako człowiek, a jednocześnie zadziwiać się wielkością niektórych ludzi, zwłaszcza autorów starożytnych i postaci takich jak Sokrates. Świat starożytny jest pełen przykładów heroizmu, natomiast w czasach, w których żył Montaigne, nie miało to już miejsca. Filozofa bardzo pociągała wolność, sprawiedliwość i dobrobyt republiki rzymskiej.

Humaniści, chcąc jak najbardziej zbliżyć się do swoich modeli, przypisywali duże znaczenie edukacji, która może uczynić człowieka lepszym: człowiekiem się nie rodzi, ale raczej się nim staje. Odbywa się to poprzez wielki apetyt na wiedzę karmiony kosmopolityzmem. W ten sposób edukacja odbywa się poprzez doświadczanie świata.

SKŁAD I STRUKTURA *ESEJÓW*

Próby rozłożone są na trzy księgi. W tym dziele Montaigne chce lepiej poznać samego siebie, wypowiadając swój sąd na kilka tematów. Nieuporządkowane następstwo tych bardzo różnorodnych tematów sprawia, że książka w niczym nie przypomina uporządkowanego przeglądu.

Księgi I i II zostały wydane jednocześnie w 1580 roku. Pierwsza zawiera filozoficzne rozważania na temat śmierci, przyjaźni, edukacji i samotności, a także pewne obserwacje historyczne lub wojskowe, podczas gdy druga jest bardziej skoncentrowana na autorze: mówi on o swoim guście literackim, celu przedstawiania siebie i swoim punkcie widzenia na tematy takie jak samobójstwo, relacje rodzic-dziecko, okrucieństwo i choroba.

Księga III ukazała się w 1588 roku i skupia się na refleksjach politycznych i filozoficznych: indywidualne sumienie i codzienne doświadczenie dają dostęp do prawdy. Montaigne ujawnia swoją filozofię, która polega na naśladowaniu natury.

Główne tematy *esejów* są następujące:

• Krytyczne myślenie;

- Potępienie wszelkich form przemocy (polowania, wojny, tortury itp.);

- Edukacja i podróże: celem nie jest gromadzenie wiedzy, ale doskonalenie osądu;

- Otwartość na innych: Montaigne interesuje się wszystkimi, od odległych plemion do tych bliskich (miłość, przyjaźń, rozmowa);

- Ciało i choroba: jako ktoś, kto sam chorował, Montaigne znał cierpienie i sposób, w jaki umysł wpływa na ciało. Zdrowie czyni najwyższym dobrem;

- Starość i śmierć. Filozof chciał walczyć ze śmiercią, ale w końcu akceptuje ją jako niezbędną część życia;

- Filozofia, moralność i religia. Doświadczenie jest lepsze od abstrakcyjnych myśli.

Esej to gatunek literacki stworzony przez Montaigne'a. Jego celem jest ćwiczenie swojego osądu, który wyciąga z różnych tematów pytania wymagające odpowiedzi, ale odbywa się to bez dedukcji pewników. Innymi słowy, jest to osobisty komentarz do jednego lub kilku wybranych tematów. Mimo że "ja" zajmuje centralne miejsce, esej nie jest autobiografią, ponieważ mieści się w kategorii wiedzy, a nie historii życia.

ANALIZA

AUTOPORTRET

Celem dzieła Montaigne'a jest samopoznanie. Autor przedstawia siebie bez sztuczności i w sposób naturalny, aby po śmierci jego bliscy mogli go tam odnaleźć takim, jakim go znali. Kreśli fizyczny, moralny i intelektualny portret siebie, ale opis fizyczny nabiera mniejszego znaczenia niż kompilacja jego doświadczeń, przeczytanych książek i spotkań z mężczyznami.

Celem Montaigne'a z pewnością nie jest gloryfikacja siebie, obrona siebie czy przedstawienie siebie jako moralizatora, ale dostrzega on dumny aspekt swojego przedsięwzięcia: siłą rzeczy często jest jedyną przedstawioną postacią, a kiedy nie opisuje swoich działań i tego, co go spotkało, wyraża swoje opinie i własną wrażliwość. Jednak przy tym wszystkim nie odczuwa pobłażliwości, gdy patrzy na siebie. W istocie Montaigne nie waha się krytykować siebie i informować czytelnika o swoich wadach. Co więcej, nie mówi nic o zaszczytach i nagrodach, które otrzymał w ciągu swojego życia, o akcjach humanitarnych, które przeprowadził, ani nawet o dowodach sympatii i zaufania, które otrzymał. Autor szuka raczej życia w pokoju z samym sobą, niż w gloryfikacji samego siebie.

Krótko mówiąc, pisanie jest środkiem poznania samego siebie, a Montaigne dąży jedynie do odkrycia siebie. Próba ta wykracza jednak poza biografię, ponieważ zamierza również przedstawić człowieka w ogóle: filozof uważa się za próbkę ludzkości. To poznanie kondycji ludzkiej odbywa się poprzez opis ludzkich działań jako całości oraz tradycji, zwyczajów, słów i twierdzeń mężczyzn. To właśnie w szczegółach codzienności, a nie w wielkich osiągnięciach, możemy wiedzieć wszystko o człowieku.

Przedsięwzięcie to miało wiele skutków dla autora: pomogło mu lepiej zrozumieć innych, zastanowić się nad problemami religijnymi, politycznymi i społecznymi swoich czasów, ustabilizować się, a także ukształtować swoją osobowość.

PISARSTWO MONTAIGNE'A

Pisanie *esejów* testuje wahania refleksji i zakręty otwartego umysłu, który przekazuje różnorodność świata i ludzkości oraz pozwala nam zyskać nową perspektywę na rzeczy.

Pisarstwo Montaigne'a charakteryzuje się prostotą. Projekt filozofa wyklucza jakąkolwiek retorykę: język musi być naiwny i naturalny, aby pozostać blisko "ja" i nie oszpecać myśli ozdobnikami. Nie jest to ćwiczenie w stylu, ale ćwiczenie w refleksji. Jednak dobór słów jest mimo wszystko ważny w tłumaczeniu idei. W związku z tym styl służy myśli, a nie odwrotnie. Podobnie Montaigne dostosowuje rytm zdań do treści, stosując naturalną formę wypowiedzi, jeśli idea, którą chce przekazać, jest prosta, ostry styl pisania, jeśli próbuje na przykład naśladować Senekę, i długie fragmenty z elementami nawiasowymi, jeśli stara się wyrazić zawirowania myśli.

Filozof ucieka się jednak do pewnych zabiegów stylistycznych, które pozwalają mu na dodanie niuansów do swoich uwag:

- Antyteza, polegająca na zestawieniu w jednej wypowiedzi dwóch przeciwstawnych idei w celu podkreślenia kontrastu między nimi: "Bo my poruszamy inne bronie, ta porusza nas; nasza ręka jej nie prowadzi, ona prowadzi naszą rękę; ona nas trzyma, my jej nie trzymamy" (Księga II, rozdział 31).

- Porównania i metafory. Porównania ustanawiają związek analogii między dwiema ideami lub dwoma przedmiotami: "Obyczaj pozostawia skruchę w duszy, jak wrzód w ciele" (Księga III, rozdział 2). Metafora różni się od porównania tym, że nie posiada słowa porównawczego, ale odnosi się do obiektu lub idei używając słowa, które jest dopasowane do innego obiektu lub innej idei: "serce i życie wielkiego i triumfującego cesarza jest śniadaniem małego robaczka" (Księga II, Rozdział 12).

- Ironia, która polega na mówieniu czegoś przeciwnego niż się naprawdę myśli. W rozdziale 6 księgi III Montaigne czyni ironiczne uwagi na temat rzekomej wyższości Europejczyków nad Indianami.

Wreszcie, ponieważ celem filozofa nie jest przekonanie, lecz skłonienie czytelnika do myślenia, stosuje on:

- Przykłady, anegdoty i obserwacje, które zaprzeczają lub potwierdzają pewne idee;

- Powtarzalność. Niektóre z poruszanych tematów powtarzają się i pojawiają w różnych rozdziałach. Na przykład

Montaigne może rozwijać jakiś temat z punktu widzenia sprawiedliwości, później z punktu widzenia moralności;

- Odwołania. Między innymi apeluje przeciwko Raymondowi Sebondowi i na rzecz kanibali.

KRYTYCZNY OSĄD

Montaigne często był uważany za osobę bojącą się zmian i innowacji, ale w rzeczywistości często krytykował ustalony porządek:

- Demistyfikacja wielkich ludzi. Polega to na odróżnieniu funkcji księcia od człowieka takiego, jakim on jest, ponieważ wielcy ludzie nie są istotami stworzonymi inaczej niż inni ludzie i bardzo dobrze mogą być mierni. Co więcej, często ci wzniośli ludzie, którzy powinni wykazywać się cnotami człowieczeństwa, prawdy, lojalności, umiarkowania i sprawiedliwości, nie czynią tego, a to jest godne ubolewania. Zamiast dążyć do zdobycia miłości ludu, chcą uatrakcyjnić się przez luksus lub narzucić się przez strach. Są tchórzliwi i okrutnie eksterminują swoich przeciwników, zamiast stawić im czoła. Montaigne uważa, że ci krwiożerczy książęta powinni brać przykład z królów Peru i Meksyku, którzy są odważni i kochani przez swój lud.

- Krytyka prawa. Prawo wynika z arbitralnych decyzji podejmowanych przez ludzi słabych i próżnych; dlatego też zmienia się w zależności od okresu czasu i zwyczajów państw, gdy powinno być niezmienne i oparte na rozumie. Ponadto Montaigne uważa za hańbę, że prawa są pisane w języku niejasnym i niezrozumiałym dla ludzi, którzy w związku z tym nie mogą ich zrozumieć ani respektować.

Dodatkowo ten problem językowy rodzi różne interpretacje, które często są ze sobą sprzeczne. Filozof wypomina również prawom odziedziczonym po prawie rzymskim, że nie są już odpowiednie do czasów i że często są niesprawiedliwe (np. tortury), a także ubolewa nad faktem, że prawo jest często bezcenne i dlatego nie jest dostępne dla wszystkich.

- Wypowiedzenie wojny. Montaigne uważa, że wojna nie ma innego celu niż zabijanie, co świadczy o naszej głupocie i niedoskonałości. Choć wśród starożytnych mogła być dowodem męstwa, za jego czasów była niczym innym jak okrucieństwem i małostkowymi ambicjami. Prowadzenie wojny oznacza porzucenie indywidualnej moralności.

- Antykolonializm. Hiszpańscy i portugalscy zdobywcy dokonywali przerażających masakr. Próżni i chciwi, pozwolili sobie na całkowicie brutalną władzę absolutną, posuwając się do negowania człowieczeństwa rdzennych Amerykanów. Kolonizacja przebiegała z niewypowiedzianym okrucieństwem: miasta były zrównane z ziemią, narody eksterminowane, a ludzie zdradzani, zastraszani i niszczeni. W związku z tym Montaigne zadaje sobie pytanie: kto spośród Europejczyków i rdzennych mieszkańców jest naprawdę barbarzyński i dziki?

Jak powiedzieliśmy wyżej, Montaigne nie był mimo wszystko zwolennikiem innowacji i był ostrożny wobec reform, które postrzegał jako niebezpieczne. W istocie, jego zdaniem możliwość życia społecznego opiera się na posłuszeństwie wobec ustalonego porządku. Nie jest jednak konserwatystą i nadal rozróżnia to, co publiczne, od tego, co prywatne: jednostka musi przestrzegać praw książąt na zewnątrz i własnych praw wewnątrz siebie. Wewnątrz siebie człowiek korzysta więc z całkowitej wolności myślenia i krytykowania wszystkiego, co uważa za niesprawiedliwe.

EDUKACJA

Filozof formułuje zasady pedagogiczne oparte na powszechnym przekonaniu humanistów, że człowiek jest z natury dobry: skłonność do zła pochodzi ze złego wychowania lub z towarzystwa, które popycha go do grzechu i podłości. Należy zatem trzymać dzieci z dala od tych szkodliwych wpływów, aby ich dobra natura mogła zostać zachowana.

Montaigne sprzeciwia się zbiorowej edukacji przekazywanej w szkołach, ponieważ uważa ją za niezdolną do kształtowania różnych umysłów. Zaleca raczej edukację indywidualną, prowadzoną przez prywatnego nauczyciela, który zwraca uwagę na naturę dziecka. Ponadto należy przedkładać dialog nad nauczanie z przodu klasy.

Według niego kluczowe cechy dobrej edukacji są następujące:

- Ćwiczenie krytycznego myślenia. Dziecko musi być konfrontowane z różnymi elementami wiedzy i zróżnicowanymi punktami widzenia, aby mogło je porównywać i krytykować. To prowadzi do zakwestionowania niektórych zasad i przyjęcia innych. Krótko mówiąc, Montaigne jest przeciwny uczeniu się rzeczy na pamięć: według niego "dobrze zrobiona" głowa jest lepsza niż "dobrze wypełniona".

- Ćwiczenie ciała. Ciało należy zahartować tak, aby nie obawiało się już zimna czy ciemności. W ten sposób mięśnie są zahartowane, a dziecko wyćwiczone, by mniej cierpieć. W idealnym wychowaniu Montaigne'a ciało jest szanowane tak samo jak umysł, ponieważ zdolności moralne i fizyczne są ze sobą powiązane. Próba ciała prowadzi do opanowania namiętności i instynktów.

- Rozwój otwartego umysłu. Nauka odbywa się w mniejszym stopniu w książkach niż w samej naturze: trzeba nauczyć się obserwować, przyjmować i rozumieć wszystko, aby następnie przyswoić sobie konkretną naukę, którą dobrze uformowany umysł dowolnie wybiera. Dzieje się to poprzez spędzanie czasu w towarzystwie ludzi, poprzez rozmowy tak samo z chłopami, jak i ze szlachtą; krótko mówiąc, poprzez kontakt ze wszystkimi aspektami życia.

- Podróżowanie. Dzięki temu dziecko może zmierzyć się z nowymi i nieznanymi rzeczami. Co istotne, Montaigne interesuje się innymi ludami, ich zwyczajami i stylem życia, mając na celu ich zrozumienie, a nie osądzanie. Traktuje podróże jako sposób na wzbogacenie własnej wiedzy, a nie jako próbę asymilacji drugiego człowieka do siebie. Uczeń powinien przyjąć taką samą postawę, aby stać się tolerancyjnym.

Cel tego wychowania jest moralny. Powinno ono pozwolić wychowankowi stać się lepszym i mądrzejszym, zdolnym do rozpoznawania i wybierania prawdy.

RELIGIA

Montaigne nie zgadza się z teologiem Raymondem Sebondem, który podkreśla potęgę rozumu, ponieważ rozum jest darem Boga, w służbie wiary. W istocie uważa on ludzki rozum za niezdolny do poznania Boga, ponieważ człowiek jest do niego całkowicie niepodobny. Według filozofa święto-kradztwem jest myślenie, że Bóg jest w czymkolwiek podobny do człowieka: Bóg jest transcendentny i w żaden sposób nie powinien być mieszany z naszym zepsuciem i nędzą.

Podobnie błędem jest dążenie do wniknięcia w Jego pro-jekty, ponieważ są one dla nas nieprzejrzyste. Montaigne podaje przykład niepełnosprawnych: choć inni uważają ich za niedoskonałych, to fakt, że Boże stworzenia mają być doskonałe, oznacza być może, że istoty te nie są wcale potworne w oczach Boga. Nie do nas należy zatem ocena Jego dzieł czy zamiarów.

Montaigne pojmuje Boga jako transcendentnego, ale nie zawsze ingerującego w ludzkie sprawy. W związku z tym nie-mądre jest zwracanie się do niego z modlitwami pełnymi żądań. Wiara nie powinna opierać się na wydarzeniach: Bóg nie jest przyczyną wszystkiego, co nas spotyka i częściej posługuje się nieznanym nam rodzajem sprawiedliwości niż swoją mocą. Jako taka, wiara powinna wyrażać jedynie uzna-nie człowieka wobec Boga, który pozwala mu odsuwać gra-nice jego słabej natury. W rzeczywistości człowiek może być podniesiony tylko dzięki łasce Bożej i musimy za to dzięko-wać Bogu w naszych modlitwach, a nie kierować do niego nasze pragnienia.

Ludzie mogą być zbawieni tylko dzięki łasce Bożej, a nie dzięki swoim działaniom czy uczynkom. Ta idea jest jednym z wyzwań rzuconych katolickim dogmatom przez Reformację Protestancką. Luter (niemiecki reformator, 1483-1546) przetłu-maczył Biblię na język niemiecki, aby każdy mógł ją przeczytać i zinterpretować bez konieczności korzystania z autorytetu księdza. Ten duch wolnego dociekania w odniesieniu do Pisma Świętego doprowadził do odrzucenia niektórych innych dogmatów, takich jak kult świętych i sakramenty poza chrztem i komunią. Protestantyzm jako taki jest religią zredukowaną, która usuwa pośredników między człowiekiem a Bogiem. Montaigne nie patrzy jednak przychylnie na reformację protestancką: uważa za niedorzeczne mieszanie się w te kwestie ze względu na słabość ludzkiego umysłu. Ponadto kroki te są szkodliwe dla moralności i życia społecznego. Konflikt między katolikami i protestantami zbyt często przeradza się w fanatyzm: obie strony powinny wykazać się umiarkowaniem.

Umiarkowanie powinno leżeć u podstaw wszystkich działań i jest elementem określającym moralne postępowanie. Filozof podkreśla ten punkt bardziej niż treść przekonania, ponieważ indywidualny osąd jest zbyt słaby i niespójny, aby mówić o przekonaniu. Bycie umiarkowanym oznacza bycie skromnym. I odwrotnie, krytykuje nadmierną pobożność, która ukrywa obłudę, nienawiść, chciwość i niesprawiedliwość.

Montaigne uważa również, że religia jest spuścizną kulturową i zjawiskiem społecznym, które w związku z tym przeżywa narodziny i upadek. To raczej przypadek niż akt wiary sprawia, że człowiek jest posłuszny tej czy innej tradycji, i to bardziej edukacja niż objawienie sprawia, że człowiek przyjmuje tę czy inną religię.

Choć autor *Esejów* jest katolikiem, to jednak w niektórych punktach dystansuje się od katolicyzmu. Na przykład:

• prawie nie mówi o Dziewicy, relikwiach czy cudach;

• broni samobójstwa, które zostało potępione przez Kościół;

- jego wiara w grzechy i pokutę jest ograniczona;

- dla niego raj i ziemskie życie po zmartwychwstaniu to absurdalne pomysły.

To rodzi pytania o wiarę Montaigne'a. W rzeczywistości wyznaje on religię naturalną: waha się między fideizmem, potrzebującym oprzeć swoją relację z Bogiem na wierze niezależnej od rozumu, a agnostycyzmem, zaprzeczającym, że człowiek jest w stanie wznieść się do pojęć metafizycznych.

RELACJE MIĘDZYLUDZKIE

Montaigne cieszy się życiem i spotkaniami, które ono przynosi. Emocje i uczucia zajmują ważne miejsce w jego życiu, a on sam szuka towarzystwa innych. W szczególności odnosi się do dwóch rodzajów relacji:

- Relacje z kobietami. Filozof nie wstydzi się swobodnie mówić o seksualności, którą uważa za naturalną, konieczną i sprawiedliwą. Dla Montaigne'a miłość to przede wszystkim przyjemność i żarliwe pożądanie. Ponieważ jednak ciało i umysł są ze sobą ściśle powiązane, akt seksualny pobudza umysł. Dlatego uważa, że język poetycki szczególnie nadaje się do przekazywania miłości. Montaigne nie przewiduje intelektualnej przyjaźni z kobietami, z zastrzeżeniem pewnych wyjątków. Niemniej jednak nie ma nic przeciwko temu, by pozwolić żonie zarządzać jego ziemią, gdy on wyjeżdża w podróż, co można by uznać za formę równouprawnienia. Trudno więc dokładnie określić poglądy Montaigne'a na temat roli i statusu kobiet: czasami są one zdane na łaskę swojego ciała, kapryśne, dziecinne i słabo przystosowane do edukacji; czasami są uszyte z tego samego materiału co mężczyźni, równe, ale różniące się tylko zwyczajem, i uważa za normalne, że buntują się przeciwko regułom, które mężczyźni próbują im narzucić. Ponadto małżeństwo jest dla niego jedynie konieczną umową społeczną, zawieraną z szacunku dla obyczajów, której nie da się pogodzić z pożądaniem, ponieważ musi być ścisła i pobożna. W związku z tym między mężczyznami a kobietami zawsze istnieje dystans.

- Przyjaźń. W przyjaźni nie ma dystansu. Jego związek z Étienne de la Boétie jest tego dowodem: był wyjątkowy i nigdy nie osłabł. Przewaga przyjaźni nad innymi rodzajami związków polega na tym, że opiera się ona na równości, którą można by przyjąć za wzór sprawiedliwości w społeczeństwie. Łączy ona dwóch dojrzałych i równych sobie mężczyzn: Montaigne i La Boétie to dwie wole, które dobrowolnie wybrały siebie nawzajem. Po śmierci przyjaciela Montaigne żyje tylko połowicznie. Dlatego rzuca się w wir pisania *Esejów*. W ten sposób La Boétie znajduje się w centrum jego życia i jego dzieła.

Mimo że Montaigne docenia relacje z innymi, jest nie mniej krytyczny wobec życia społecznego. Uważa on, że życie społeczne jest pełne ambicji, żądzy i chciwości: jeśli człowiek twierdzi, że zwraca się raczej ku dobru publicznemu niż ku swoim osobistym interesom, to po to, by poprzez relacje społeczne wyciągnąć od społeczeństwa większe korzyści osobiste. W tym kontekście lepiej więc rozwijać upodobanie do samotności, gdyż w centrum tłumu trudno o dobrych ludzi, a źli są zaraźliwi. Jeśli człowiek tam pozostaje, to albo staje się taki jak inni, albo zbyt często nienawidzi innych ludzi. W związku z tym mądry człowiek ucieka z tłumu, aby nie musieć tolerować jego wad. Zamiast tego szuka spokojniejszego i bardziej komfortowego sposobu życia.

Jednak trzymanie się z dala od ludzi nie wystarczy, aby zniszczyć wady: zmiana miejsca pobytu nie rozwiązuje problemu. Zamiast tego jednostka musi pracować nad sobą, ponieważ jesteśmy całkowicie wolni tylko wtedy, gdy nasza głowa nie jest już pełna rzeczy, które zostawiliśmy i gdy jesteśmy wolni od wszystkich światowych wad (ambicji chwały, pragnienia przyjemności i bogactwa itp.). Izolacja duszy w sobie prowadzi do prawdziwej samowiedzy, do której Montaigne dąży dla siebie i innych. Chodzi o to, by obserwować siebie wyraźnie i nie ulegać wpływom aprobaty lub cenzury innych ludzi. Dlatego właśnie należy czerpać wzorce z Antyku i pozwolić im kontrolować nasze intencje: szacunek, jaki do nich żywimy, skieruje nas z powrotem na właściwą drogę.

POSZUKIWANIE MĄDROŚCI

Montaigne był pod wpływem sceptycznego filozofa Pyrrusa (365-275 p.n.e.). Jego lektura prowadzi go do wniosku, że człowiek nie może dojść do prawdy, zwłaszcza że zmysły nieustannie go zwodzą. Świadczy o tym pluralizm i różnorodność doktryn filozoficznych: człowiek wydaje się niezdolny do ustalenia istoty człowieczeństwa. Ma dostęp jedynie do pozorów, ale te są zniekształcone przez jego percepcje zmysłowe. Eksperyment z kijem, który po zanurzeniu w wodzie ukazuje się ukośnie, dowodzi niemożności zaufania zmysłom. Montaigne odnosi się również do wpływu stanu zdrowia człowieka na jego postrzeganie rzeczy: nie jawią się nam one w ten sam sposób, jeśli problem z naszym ciałem wpływa na nasze samopoczucie. Wreszcie, wyobraźnia odgrywa dużą rolę w nieprawidłowym postrzeganiu rzeczywistości.

W związku z tym człowiek musi uznać, że jest nieświadomy i niestabilny: stale przechodzi z jednego stanu umysłu do drugiego i zmienia swoje pomysły w zależności od okoliczności. W związku z tym musi powstrzymać się od kategorycznych sądów i uświadomić sobie subiektywny i tymczasowy charakter swoich opinii: są to przesłanki rozumu.

Według Montaigne'a bycie mądrym polega na:

- Bycie umiarkowanym. Umiarkowanie i skromność są niezbędne. Człowiek musi wycofać się z dóbr doczesnych, ograniczyć swoje działania i opanować swoje namiętności. Jest to konieczne, aby nie cierpieć z powodu niepowodzeń życiowych, osiągnąć wewnętrzny spokój i zachować samokontrolę.

- Bycie cnotliwym. Nie oznacza to zdobywania chwały i cieszenia się dobrą sławą, bo w tych dziedzinach wszystko opiera się na pozorach i złudzeniach. Człowiek prawdziwie cnotliwy ćwiczy swoją mądrość samodzielnie i codziennie, dążąc, jak Sokrates, do poznania samego siebie.

- Zaufanie do natury. Kiedy Montaigne zaczął pisać *Próby*, jego kamienie nerkowe przysparzały mu wiele cierpienia i zbliżały do śmierci, ale też pozwoliły mu odkryć, że ból, poprzez kontrast, pozwala cierpiącemu docenić przyjemność. Postanawia więc nie oddawać się w ręce lekarzy, ale pozwolić naturze zrobić swoje. Uważa, że natura jest najlepszym przewodnikiem: człowiek może znaleźć szczęście tylko wtedy, gdy jest w harmonii z samym sobą tu na ziemi, gdy nadal jest sobą i gdy potrafi rozpoznać i rozkoszować się prostymi przyjemnościami, które są dostępne dla każdego; krótko mówiąc, gdy żyje zgodnie ze swoją naturą i zgodnie z naturą jako całością. Natura robi rzeczy dobrze, ponieważ uczyniła konieczne czynności, takie jak jedzenie, spanie, picie i kochanie, przyjemnymi, i jest u podstaw wszystkich najcenniejszych dóbr.

DALSZA REFLEKSJA

KILKA PYTAŃ DO PRZEMYŚLENIA...

- Jakie związki można ustalić między punktem widzenia Montaigne'a na edukację a punktem widzenia Rabelais'go (ok. 1494-1553) w *Pantagruelu*? W jaki sposób metody zalecane przez obu autorów różnią się od metod nauczania ich czasów?

- W jakich aspektach *Utopia* Tomasza More'a (1478-1535) zgadza się z punktem widzenia Montaigne'a na edukację?

- Co dla Montaigne'a oznacza "bycie sobą"?

- Do jakiego gatunku literackiego należą *Próby* – esej czy autobiografia? Uzasadnij swoją odpowiedź.

- W jakich aspektach praca ta jest humanistyczna?

- Dlaczego umiar jest tak ważny dla Montaigne'a?

- W jakich aspektach można powiedzieć, że Montaigne jest sceptykiem?

- W "Apologii dla Raymonda Sebonda" Montaigne krytykuje filozofów. Wyjaśnij, jakie są tego przyczyny.

- Jakie jest wyznanie Montaigne'a? Czy znasz innych autorów/filozofów, którzy podzielają jego punkt widzenia?

- Czy wojny religijne miały wpływ na *Próby*? Wyjaśnij.

- Co możemy powiedzieć o argumentacji w *Esejach*?

- W jaki sposób można ustalić paralelę między bajką La Fontaine'a "Dwaj przyjaciele" a koncepcją przyjaźni w dziele Montaigne'a?

DALSZE CZYTANIE

WYDANIE REFERENCYJNE

De Montaigne, M. (1965) *Próby*. Trans. Frame, D. Stanford: Stanford University Press.

BADANIA REFERENCYJNE

Bakewell, S. (2011) *How to Live: A Life of Montaigne in One Question and Twenty Attempts at an Answer*. London: Vintage.

Boudou, B. (2001). *Essais. Michel de Montaigne*. Paris: Hatier.

Holyoake, J. (1984) *Montaigne: «Essais» (Critical Guides to French Texts)*. London: Grant & Cutler Ltd.

Chcemy usłyszeć od Ciebie, co się dzieje!
Zostaw komentarz na temat swojej internetowej biblioteki
i podziel się swoimi ulubionymi książkami w mediach społecznościowych!

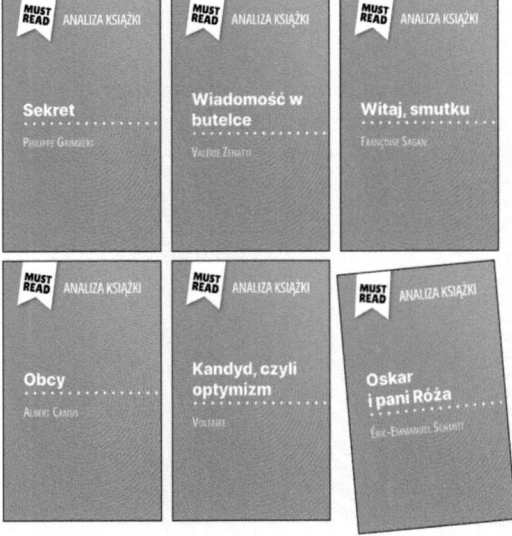

www.50minutes.com

Master ISBN: 9782808694629
Papierowy ISBN: 9782808616027
Depozyt prawny: D/2023/12603/1882

Verhaal: © Primento

Projekt cyfrowy: Primento, cyfrowy partner wydawców.